시간 여행이 정말로 가능할까?

PEUT-ON VOYAGER DANS LE TEMPS?
by Gabriel Chardin

민음 바칼로레아 043

시간 여행이
정말로 가능할까?

가브리엘 샤르댕 ∣ 곽영직 감수 ∣ 김성희 옮김

민음in

차례

질문 : 시간 여행이 정말로 가능할까?

우리는 시간이 흐름에 따라 늙어 가고 마침내는 죽음에 이르게 된다. 시간을 반대로 거슬러 올라가서 지난날 행복했던 순간으로 되돌아간다거나 이미 저지른 실수를 바로잡는 것은 꿈도 꿀 수 없는 일이다. 그런데 영화에서처럼 과거로든 미래로든 자유자재로 시간 여행을 할 수 있다면 어떻게 될까? 지금보다 과학이 훨씬 더 발달하게 되면 시간 여행도 가능하지 않을까? 그 가능성에 대해서 과학은 어떻게 이야기하고 있을까?

생각해 보면 우리는 지금도 시간이라는 거대한 파도에 실린 채 여행을 하고 있다. 하지만 이 여행은 일방통행처럼 한쪽만을 향하고 있으며, 어쩔 수 없이 휩쓸려서 따라가야만 할 뿐 아니라 가끔은 재미마저 없어 보인다.

우리가 살고 있는 무대는 세 가지 공간 좌표에 한 가지 시간 좌표가 더해진 4개의 좌표로 이루어져 있다. 이러한 **시공간**의 무대를 좀 더 자유롭게 탐험할 수 있는 방법은 없을까? 이 질문에 대한 물리학자들의 대답은 최근 15년 동안 놀랄 만큼 달라졌다. 지금부터 시간 여행에 대해 과학자들은 어떻게 말하고 있는지 함께 알아보도록 하자.

1

시간 여행이란
무엇일까?

시간 속을 여행한다는 것은 어떤 의미일까?

우리가 이미 알고 있는 과거나 전혀 예측할 수 없는 미래로의 시간 여행은 어떤 의미를 지니고 있을까? 시간 여행을 통해 과거로 되돌아가는 일이 엄청난 혼선과 파장을 불러일으키지는 않을까?

우리가 과거로 돌아가서 자유롭게 행동할 수 있다면 이미 정해진 과거도 바꿀 수 있다. 또한 과거로의 시간 여행이 가능해진다면 다른 수많은 시간 여행자들이 생겨날 것이고, 그들 또한 과거를 바꿀 수 있을 것이다. 이에 따라 과거는 지나가 버린 불변의 시간이 아니라 미래처럼 불확실하고 예측할 수 없는 시간이 될 것이다. 과연 그것을 '과거'라고 부를 수 있을까? 더이상 과거도 현재도 아닌 모순에 빠지게 될 것이다.

그렇다면 미래로의 여행은 어떨까? 알려지지 않은 미래로의 시간 여행 역시 모순이 가득하다. 예를 들어 미래로의 시간 여행을 희망하는 한 사람을 절대 영도*에 가깝게 얼린다고 가정해 보자. 물론 냉동을 하는 과정에서 뇌나 신체에 아무런 손상이 없어야 한다. 그러면 그 사람은 몸만 꽁꽁 얼 뿐 시간이 흘러도 변함없이 똑같은 상태로 있게 될 것이다. 그리고 100년이 지난 뒤에 시간 여행자를 아주 조심스럽게 다시 녹인다고 해 보자. 그는 자신이 냉동되던 순간부터 다시 깨어난 순간까지의 시간에 대해서는 아무런 기억이 없을 것이다. 따라서 그 사이의 시간 이동이 100년이 아니라 아주 짧은 순식간의 일인 것처럼 느끼게 될 것이다.

결국 이것은 시간 여행자를 속이는 것이나 마찬가지다. 또 그건 둘째치고라도 이 방법은 우리가 '시간 여행'이라고 부르는 것의 또 다른 모순을 분명하게 보여 주고 있다. 냉동 상태로 여행한 사람은 얼어 있던 시간 내내 똑같은 상태였고, 따라서

● ● ●

절대 영도 물질을 이루는 입자들의 운동이 정지되는 온도를 말하는데, 섭씨 영하 273.16도가 절대 영도에 해당된다. 절대 온도는 영국의 물리학자 켈빈이 도입했기 때문에 켈빈 또는 K라는 단위를 사용한다.

미래로 보내졌다기보다는 미래의 어느 시점에서 볼 때 과거로 되돌려 놓은 것이라고 볼 수도 있는 것이다.

이처럼 시간 여행은 물리적으로는 해결되지 않은 많은 모순점들을 가지고 있어서 다소 허무맹랑한 공상처럼 여겨진다. 그러나 근래에 와서는 이러한 특성에 대해 공상 과학 소설을 쓰는 작가들뿐만 아니라 과학자들도 점차 큰 관심을 가지고 접근하고 있다.

시공간 속에서 방향을 바꿀 수 있을까?

아인슈타인의 **중력** 이론은 지구나 태양처럼 질량이 큰 물

● ● ●

알베르트 아인슈타인(1879~1955) 독일 출신이며 미국의 이론 물리학자다. 광양자설, 특수 상대성 이론, 일반 상대성 이론, 통일장 이론 등을 연구하여 갈릴레이와 뉴턴의 역학이 지배하던 물리학을 완전히 다른 관점에서 뒤흔들었다. 광전효과와 이론 물리학 연구에서 쌓은 업적으로 1921년에 노벨 물리학상을 수상했다. 죽은 뒤에 미국에서 아인슈타인 상을 제정하여 해마다 두 명의 과학자에게 상을 수여하고 있다.
중력 물체들이 서로 끌어당기도록 만드는 자연적인 힘을 말한다. 즉 질량을 가진 모든 물체들 사이에는 서로 끌어당기는 힘이 작용하고 있는데, 이렇게 질량 사이에 작용하는 인력을 의미한다.

체가 시공간을 변형시키는 방법에 대한 것이다. 중력 이론에 근거를 두고 있는 블랙홀*은 시공간의 변형이 너무나 커서 우주의 일부 영역을 우리가 관측할 수 없게 만든다.

뒤에서 더 자세히 살펴보게 되겠지만 시간 여행을 위해서는 반드시 시공간의 만곡*을 이용해야 한다. 개미가 사과 위에서 방향을 바꾸지 않고 앞으로 계속 기어서 원래 자리로 되돌아오는 것처럼 휘어진 시공간을 이용하여 원하는 시공간으로의 이동을 시도하는 것이다.

만약 평평한 시공간을 통해 시간 여행을 한다면 어떻게 될까? 중력과 중력에 의해 휘어진 시공간을 사용하지 않으면 시간 여행은 큰 난관에 부딪힐 것이다. 평평한 시공간상에서 시간을 거슬러 올라가고자 할 때 우리는 도로에서 목적지를 지나

● ● ●

블랙홀 초고밀도에 의하여 생기는 중력장의 구멍이다. 태양보다 질량이 큰 별이 진화의 최종 단계에 강력한 수축을 일으키는 과정에서 생긴다고 한다. 그 중심부의 밀도가 매우 높아서 빛이나 에너지, 물질이나 입자 등을 무한대로 흡수하는데, 그 무엇도 이곳에서는 빠져나갈 수가 없다. 시공간에 끝이 보이지 않을 만큼 깊게 뚫려 있는 우물과도 같다. 블랙홀에 관해 더 자세히 알고 싶으면 이 책의 시리즈인 『블랙홀이란 무엇인가?』를 참조하라.
만곡 아인슈타인의 일반 상대성 이론의 요지는 '중력이 시공간을 휘게 만든다.' 즉 '질량을 가진 물체는 시공간을 휘게 한다.'는 것이라고 할 수 있다. 이때 휘어서 움푹 파인 공간을 '만곡'이라고 부른다.

쳐 버린 운전자와 같은 입장에 처하게 된다. 길을 잘못 들어선 지점으로 돌아가려면 방향을 바꾸어 오던 길을 되돌아가는 수밖에 없다.

그러나 지구와 같은 곡선 위에서는 그렇게 하지 않아도 된다. 지구의 구면 위에서 움직이고 있는 여행자가 방향을 바꾸지 않고 지구 둘레를 따라 계속 직진하면 결국에는 길을 잘못 들어선 지점으로 다시 돌아갈 수 있기 때문이다. 마치 사과 위의 개미가 앞으로만 계속 기어가다 원래의 장소로 되돌아간 것처럼 말이다. 하지만 시공간이 평평하다고 한다면 방향을 돌려서 되돌아가는 것 외에 다른 방법이 없다.

우리가 여기서 주목해야 할 점은, 평범한 공간에서와는 달리 시공간에서 방향을 바꾸는 것은 속도를 바꾸는 것을 의미한다는 것이다. 우리가 지나온 시공간으로 되돌아가고자 한다면 빛보다 빠른 속도로 이동하는 수밖에 없다.

시간은 정지해 있는 관찰자보다 움직이고 있는 관찰자가 측정할 때 더 느리게 측정된다. 상대성 이론˚에서는 이 현상을 시간의 지연이라고 부른다. 움직이는 속도가 빛의 속도에 가까울수록 더 많은 시간 지연이 일어나게 된다. 이를테면 평범한 속도로 움직이는 물체 A에 비해 빛의 속도로 움직이는 물체 B에게는 시간이 느리게 흘러가게 되는데, 이때 A를 기준으로 봤

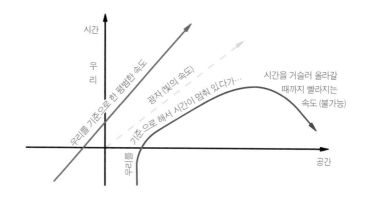

시간

우
리

우리를 기준으로 한 평범한 속도

광자 (빛의 속도)

광자
기준으로 해서 시간이 멈춰 있다가…

우리
아

공간

시간을 거슬러 올라갈
때까지 빨라지는
속도 (불가능)

빛의 속도를 초월한 시간 여행의 속도

을 때 B는 과거로 돌아간다고 볼 수 있다.

따라서 빛을 기준으로 할 때 과거로 돌아가려면 빛의 속도
보다 빠르게 움직여야 하는 것이다. 하지만 최대 속도라고 알
려져 있는 빛의 속도보다 더 빠르게 움직이려면 자연에는 존재

● ● ●

상대성 이론 아인슈타인에 의해 제창된 현대 물리학상의 중요한 이론으로, 상대
론이라고도 한다. 특수 상대성 이론과 일반 상대성 이론으로 나뉜다. 이들 이론의
가장 근본적인 특징은 관측자의 운동 상태에 관계없이 절대성을 가진다고 생각되
어 온 지금까지의 시간과 공간의 개념을 부정하고, 시간과 공간이 각각 관측자에
대하여 상대적으로만 의미를 가진다고 생각한다는 점이다. 상대성 이론에 관한
자세한 내용은 이 책의 시리즈인 『상대성이란 무엇인가?』를 참조하라.

하지 않는 무한한 에너지가 필요하다.

　왼쪽 페이지에 있는 그래프에서는 변함없이 지속적으로 흘러가는 우리의 시간 궤도를 세로축으로 표시하고, 시간에 따른 공간 이동을 가로축으로 표시하고 있다. 이때 평범한 속도의 물체와 빛의 속도로 움직이는 물체는 오른쪽으로 가는 일정한 궤도를 갖는다. 따라서 평평한 시공간에서의 우리를 기준으로 하여 시간이 멈춰 있는 한 여행자가 시간을 거슬러 올라가려면 가던 길의 방향을 돌리기에 앞서 빛의 속도를 초월해야 한다. 하지만 이것은 거의 불가능에 가까운 일이라고 할 수 있다.

평평한 시공간에서 방향을 바꿀 수 있을까?

　빛의 속도를 초월해야 한다는 문제 말고도 방향을 바꾸면서 속도가 더해지면 또 다른 문제가 생긴다. 1970년대 중반에 캐나다의 물리학자인 윌리엄 언러[●]는 놀라운 현상을 발견해 냈

● ● ● ●

윌리엄 언러(1945~　) 캐나다의 물리학자로 브리티시 콜롬비아 대학의 교수이기도 하다. 중력, 블랙홀, 우주론, 양자 역학의 기초에 대한 사람들의 이해를 돕는 데에 기여하였다.

다. 어떠한 물체에 속도를 더했을 때, 그 가속의 정도에 따라 물체가 열을 받는다는 것이다. 물론 가속에 따른 무게가 수백 킬로그램 이하인 경우는 사람이 견딜 수 있는 정도고, 물체가 받게 되는 열 또한 아주 약하다. 10억 분의 1 중에서도 다시 10억 분의 1 정도밖에 가열되지 않는 것이다.

우리가 가지고 있는 단순한 기구로는 이처럼 미미한 온도 변화는 측정할 수가 없다. 하지만 입자 가속기*에서 전자에 엄청난 가속을 주어 휘어진 순환 궤도를 따라 빛의 속도에 가까운 속도로 돌게 하면 온도의 변화를 측정할 수 있는 단계에까지 이를 수 있다.

이처럼 가속에 따라 물체가 가열되는 효과를 발견자의 이름을 따서 **언러 효과**라고 부른다. 바로 이 언러 효과 때문에 모든 시간 여행이 한계에 부딪히게 된다. 어떤 물체를 과거의 시간으로 보내기 위해서는 무한한 가속을 통해 그 물체를 이동시켜야 하는데, 가속에 따라 무한한 온도가 가해짐으로써 물체가 심한 충격을 받게 되기 때문이다.

● ● ●

입자 가속기 전자나 양성자 같은 입자를 강력한 전기장이나 자기장 속에서 가속해 큰 운동 에너지를 발생시키는 장치로, 원자핵이나 입자를 연구하기 위해 사용된다.

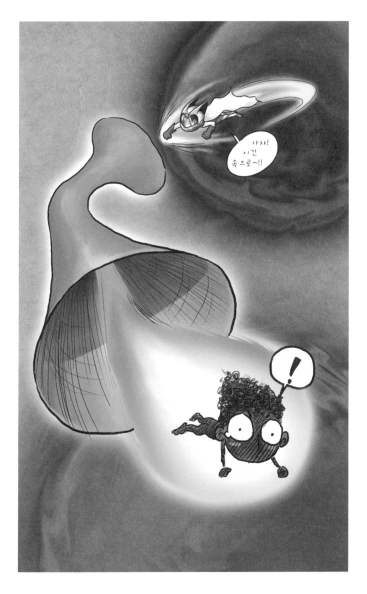

시간 여행자는 가속 때문에 엄청난 열을 받아 새까맣게 타버릴 수도 있다.

실제로 어떤 물체든지 열을 심하게 받으면 그 본래의 성질을 잃게 된다. 생명체의 경우에는 몇 시간 이상 체온이 50도가 넘게 되면 생명이 위태롭다. 생명체가 아니어도 마찬가지다. 가령 원하는 정보를 전송하기 위해 책이나 시디롬 같은 물건을 과거로 보낸다고 해도 가속으로 인해 온도가 올라가면 원래의 상태를 유지하지 못하고 형태가 일그러질 것이다. 시간이 더 지나면 물체를 이루고 있는 원자*와 미립자* 자체도 파괴되어, 결국 제대로 된 메시지를 전하는 일은 불가능해진다.

물론 지금껏 이야기한 근거들을 당장 과학적으로 증명해 낼 수는 없다. 하지만 직접 증명하지 않는다고 하더라도 평평한 시공간 속에서의 방향 전환이 불가능하다는 것과 왜 불가능한지에 대해서는 대략 이해할 수 있을 것이다.

● ● ●

원자 물질을 이루는 기본적인 단위. 화학 원소의 특성을 잃지 않는 범위에서의 최소의 미립자를 말한다. 원자핵과 전자로 이루어져 있다.
미립자 맨눈으로는 보기 힘든 아주 미세한 입자.

2

시간 여행을 **어떻게** 할 수 있을까?

원격 이동이란 무엇일까?

공상 과학에 관한 책이나 영화에서 자주 등장하는 시간 여행의 방법은 무엇일까? 우주를 배경으로 펼쳐지는 미국의 유명한 서스펜스 판타지 드라마 시리즈인 「스타트렉」을 보면 텔레포테이션이 나온다. 텔레포테이션이란 텔레포트라고도 하는데, 시간과 공간을 순간적으로 이동하게 하는 원격 이동 장치다. 이 원격 이동 장치는 생물체건 무생물체건 상관없이 모든 물체를 과거나 미래의 다른 시대로 순식간에 보낼 수 있다. 이때 물체는 중간 이동 과정이 없이 단번에 원하는 장소로 옮겨져 있다.

이처럼 텔레포트와 같은 시간 여행이 물리학적으로 가능한 일일까? 앞으로 살펴보게 되겠지만 적어도 이론상으로는 그

가능성이 매우 높다고 할 수 있다.

　우선 아주 단순하고 쉬울 것 같은 원격 이동부터 시작해 보자. 산소 원자를 다른 시공간으로 원격 이동을 시킨다면 어떨까? 사람을 원격 이동시키는 것보다는 쉽겠지만 과연 작은 산소 원자를 다른 시공간으로 옮겨 봤자 무슨 쓸모가 있겠는가! 산소는 지구 공기의 20퍼센트를 차지하고 있다. 즉 우리가 숨쉬는 공기 1세제곱센티미터마다 10억에 다시 10억을 곱한 만큼의 산소 원자가 들어 있다는 말이다. 게다가 물리학에서 말하는 것처럼 같은 에너지 상태의 산소 원자들은 서로 구분해낼 수조차 없다. 따라서 산소 원자를 다른 시공간으로 원격 이동을 시키는 것은 그야말로 헛수고일 뿐이다.

　그러면 이번에는 짚신벌레 한 마리를 원격 이동시킨다고 가정해 보자. 짚신벌레는 사람의 입장에서 볼 때 작은 벌레일 뿐이지만 아주 많은 수의 원자를 지니고 있다. 따라서 산소 원자 하나보다 원격 이동시키는 것이 훨씬 어렵다고 할 수 있다.

　이처럼 원자의 경우에는 원격 이동이 그다지 의미가 없을지 몰라도 보다 복잡한 물체에 있어서는 이야기가 달라진다. 예를 들어 생쥐는 아무리 닮은 녀석들이 많아도 원자 하나하나까지 완전히 똑같을 수는 없기 때문이다. 따라서 원격 이동을 시킨 후에 그 생쥐가 곧장 옮겨 간 것인지, 아니면 또 다른 생쥐가 복사되어 그곳에 앉아 있는지 확인할 수 있는 것이다.

결국 원격 이동이란 완전히 똑같은 물체가 다른 곳에 생기는 것이다. 그렇다면 원격 이동을 복사 내지는 복제와 같은 맥락으로 볼 수도 있지 않을까? 물론 쉬운 문제는 아니다. 원격 이동이나 시간 여행이 의미 없을 정도의 단순한 물체와 그렇지 않은 물체 사이의 경계를 어디에 두어야 할지 기준이 애매하기 때문이다.

복제를 통한 원격 이동이 가능할까?

오늘날 우리는 물체를 복제한다는 개념이 인간의 경우까지 포함되었다는 것을 잘 알고 있다. 이론적으로는 머리카락 한 올의 뿌리 부분에서 DNA* 조각을 채취해 사람을 다시 만들어 내는 것이 가능하다고 본다. 기술이 훨씬 더 발달한 먼 미래에는 지구로부터 수십 광년 떨어진 곳에 또 다른 인간 사회가 자

• • • •

DNA 유전자의 본체. 디옥시리보오스를 함유하는 핵산으로 바이러스의 일부 및 모든 생체 세포 속에 있다. 아데닌, 구아닌, 시토신, 티민의 4종의 염기를 함유하며 배열 순서에 따라 각기 다른 유전 정보를 갖게 된다.

리 잡게 될지도 모른다.

물론 사람들이 우주 여행을 하는 동안 우주 공간의 방사선[*]으로 인해 암에 걸릴 수도 있다는 문제가 생길 수도 있다. 하지만 이때도 다시 인간을 복제할 수 있는 세포 몇 개를 원격 이동시켜서 그러한 문제를 해결할 수 있을 것이다. 만일 그 세포 역시 우주 방사선에 의해 잘못되지는 않을까 걱정된다면 세포 자체를 보내지 말고 세포에 대한 '원자 설명서'만 보내면 된다. 그러면 미래에 발명될 '나노[*] 생체 합성기'가 원자 구성 프로그램을 통해 기본 세포를 만들고, 이어서 복제 인간을 만들게 되는 것이다.

물론 그런 과정을 통해서 만들어진 복제 인간이 원래의 인간과 완전히 똑같지는 않을 것이다. 복제 인간의 기억 속에는 원래의 인간이 살아오면서 쌓아 온 경험이나 추억이 하나도 없

● ● ●

방사선 방사성 원소의 붕괴에 따라 방출되는 입자선 및 복사선이다. 방사성 핵종의 붕괴에 따라 방출되는 알파선, 베타선, 감마선을 의미하지만, 넓은 뜻에서 원자핵이 관여하는 각종 반응에 의해서 생기는 입자선이나 전자기파를 포함한다.

나노(nano) 10억 분의 1을 나타내는 단위의 접두어다. 난쟁이를 뜻하는 그리스어인 나노스(nanos)에서 유래하였다. 1나노초(ns)는 10억 분의 1초를 뜻하고, 1나노미터(nm)는 10억 분의 1미터로서 사람 머리카락 굵기의 10만 분의 1, 대략 원자 3~4개의 크기에 해당된다.

을 테니 말이다. 그렇다면 우리는 또 다른 한계점 내지는 문제점에 직면하게 된다. 몸은 원격 이동을 시켜서 과거나 현재로 보내더라도 뇌의 기억이나 감정 상태까지 정확히 다시 만들 수 없다면, 즉 똑같은 사람을 만들 수 없다면 복제를 통한 원격 이동은 아무 의미도 없기 때문이다.

세포의 원자 구조에 대한 정보뿐 아니라 기억, 감정, 의지, 성격 등 다른 모든 정보도 함께 보낼 수 있다면 어떨까? 원래의 인간이 원격 이동을 통해 이루려던 행동을 복제 인간이 계속해 나갈 수 있을 정도로 말이다. 하지만 복잡하기 그지없는 인간의 모든 것을 한 치의 오차도 없이 정보로 만든다는 것은 매우 불가능해 보인다. 따라서 아무리 치밀하게 계산하더라도 오류나 오해가 생기기 쉬울 것이다.

고전 물리학°자들은 어떤 물체를 완전하게 복제하는 데 정확한 화학 구조만 제시하면 된다고 생각했지만 양자 물리학°

● ● ● ●

고전 물리학 뉴턴의 역학과 맥스웰의 전자기학을 바탕으로 하는 물리학이다. 20세기의 양자 역학이나 상대성 이론과 같은 현대 물리학과 구별하여 쓰는 말이다.
양자 물리학 양자 역학을 기초로 하는 물리학을 통틀어 이르는 말이다. 전자, 중성자, 양전자와 같은 소립자의 미시적인 계(系)의 연구에서 고체의 물성 연구에 이르기까지 현대 물리학의 많은 분야를 포함한다.

자들의 생각은 조금 달랐다. 양자 물리학자들은 충실한 사본을 만들기 위해서는 물체를 이루고 있는 여러 원자들 사이의 미묘한 작용과 그에 따른 상관관계에 대한 기술까지 포함시켜야 한다고 보았다. 그러나 그러한 상관관계라는 것이 이루 말할 수 없이 복잡해서 실제로 복사하기가 쉽지 않다.

양자 역학의 기술로 물체를 복제할 수 있을까?

최근에 양자 물리학자들을 깜짝 놀라게 할 만한 중요한 연구 결과 두 가지가 등장하면서 양자 원격 이동이라고 불리는 이론의 토대를 마련하게 되었다. 그런데 그중 첫 번째 연구 결과는 양자 원격 이동이 불가능하다고 말하는 것처럼 보인다. 미국 로스앨러모스 국립 연구소의 물리학자인 보이치에크 주렉*과 프린스턴 연구소의 물리학자인 윌리엄 우터스*는 양자 역학*적인 시스템을 마음대로 복제하는 것은 불가능하다고 증

● ● ●

보이치에크 주렉 폴란드 인이며 미국의 물리학자다. 양자 물리학과 천체 물리학에 관심이 많으며, 로스앨러모스 국립 연구소에서 일하고 있다.

명했다. 이 두 물리학자의 연구 결과는 어떤 원자 시스템의 양자 상태를 정확하게 재생하는 장치가 양자 역학의 기본 원리 가운데 하나인 불확정성의 원리에 맞지 않는다는 것을 증명하고 있다.

실제로 양자 역학의 차원에서 볼 때 어떤 물체는 그것을 관찰하거나 정보를 추출하는 순간 새로운 상태로 변하게 된다. 이것을 **불확정성의 원리**°라고 한다. 하지만 복제라는 것은 물체의 상태가 바뀌지 않는다는 것을 바탕으로 이루어지는 것이기 때문에 불확정성의 원리에는 맞지 않는다. 결국 주렉과 우

● ● ●

윌리엄 우터스 스탠포드 대학을 졸업하고 텍사스 대학에서 박사 학위를 받았다. 물리학 교수이며 IBM 왓슨 연구소에서 합작자로 일하였다.

양자 역학 전자, 양성자, 중성자 등 원자 이하의 입자들을 대상으로 하는 물리학. 일반 상대성 이론의 물리 법칙이 거시적인 세계에 적용된다면 양자 역학의 물리 법칙은 미시 세계에 적용된다. 현재로서는 이 두 이론은 서로 조화가 되지 않는다.

불확정성의 원리(uncertainty principle) 양자 세계에서는 입자의 위치와 운동량을 동시에 정확하게 측정하는 것이 불가능하다는 원리다. 예를 들어 우리가 전자의 위치를 파악하려면 빛(광자)을 전자에 부딪쳐 반사시킨 후 우리 눈으로 들어오게 해야 한다. 그런데 빛이 전자에 부딪치는 순간 에너지를 전달하므로 전자의 운동 에너지가 증가하게 되고 운동량이 변화하게 된다. 위치를 더 정확하게 측정하려면 더욱 짧은 파장의 빛을 사용해야 하는데, 그럴수록 빛이 전달하는 에너지는 증가하고, 운동량은 더 많이 변하게 된다. 즉 위치를 정확하게 측정하려 할수록 운동량은 부정확해지는 것이다. 요컨대 양자 세계에서는 측정 행위가 측정 대상에 변화를 가한다는 것이 불확정성 원리의 핵심이라고 할 수 있다.

물체의 양자 상태를 분석해서 그 정보를 보낸 다음
물체를 재구성하게 함으로써 이론적으로는 물체의 이동이 가능하다.

터스의 연구 결과는 양자 역학적 복제가 불가능하다는 것을 증명한 셈이었다.

　좀 더 시간이 흐른 뒤 물리학자들은 양자 역학적으로 물체를 무한히 복제하는 것은 가능하지 않더라도 양자 원격 이동은 가능하다는 것을 증명해 냈다. **양자 원격 이동**이란 먼저 물체의 양자 상태를 분석해서 그 정보를 보낸 다음 물체를 그곳에서 재구성하게 하는 것이다. 하지만 물체라는 것은 아무리 세포만큼 작다 하더라도 이런 방법으로 이동시킬 수는 없다. 이 사실에 입각하여 양자 원격 이동의 위력과 한계를 동시에 이해할 수 있을 것이다. 다시 말하면 물체의 기본적인 조직 체계, 즉 원자 시스템만이 원격 이동이 될 수 있다는 뜻이다.

　어쨌든 이 첫 번째 시도들로 인해 적어도 이론적으로는 어떤 시스템의 양자 역학적인 상관관계를 분석해서 전송할 수 있다는 것이 증명되었다. 물체의 정보를 암호화한 메시지를 광자에 실으면 빛의 속도로 보낼 수 있고, 수신자는 그 메시지에서 설명하는 대로 시스템을 다시 만들면 되는 것이다. 정보를 실어 나르는 광자는 하나하나의 진동 방향이 서로 다르다. 따라서 특정 진동 방향에 0, 다른 진동 방향에 1에 해당하는 정보를 실어 보내면 암호화된 메시지를 보낼 수 있게 된다.

　최근의 물리학은 양자 역학적인 물체를 빛의 속도로 원격 이동을 시키는 것이 먼 미래에는 현실로 이루어질 수도 있다고 말한다. 현재 우리의 기술로는 불가능하지만 말이다.

한편 영국의 물리학자인 로저 펜로즈*는 한 개체를 지구에서 화성으로 원격 이동을 시키는 경우를 예로 들어 복제가 이루어진 후에 지구에 남아 있는 원래의 개체를 없애야 할지 아니면 그대로 두어야 할지에 대해 문제를 제기했다. 요컨대 여러분이 화성에서 돌아왔을 때 여러분과 똑같이 생긴 개체가 지구에서 돌아다니고 있는 모습을 보고 싶지는 않을 테니까 말이다. 물론 이것은 양자 원격 이동이 단 1퍼센트의 오차나 오류 없이 성공했을 경우의 이야기다.

양자 역학은 이 질문에 대해 명쾌한 답을 주고 있다. 사실 광자를 원격 이동시킬 때 광자의 양자 상태를 읽는 순간 본래의 광자는 파괴되고 다른 곳에서 광자가 만들어진다. 따라서 화성으로의 원격 이동이 이루어지고 나면 지구에 남는 원래의 개체는 자연적으로 사라질 것이다.

이와 같이 양자 원격 이동에 대한 의견들은 시간 여행의 새

● ● ● ●

로저 펜로즈(1931~) 영국의 수학자이자 물리학자다. 1958년 케임브리지 대학에서 박사 학위를 받았으며, 수학, 양자 역학, 입자 물리학 및 일반 상대성의 법칙에 대해 연구하였다.

로운 가능성을 보여 주고 있다. 이론상으로는 양자 역학적 기술로 물체를 재구성할 수 있다. 단 시간 여행을 하는 동안 그 복잡한 정보를 안전하게 저장할 수 있어야 할 것이다. 그렇게만 된다면 어떤 개체의 정보를 저장해 놓았다가 그 후 우리가 원하는 장소와 시기에 다시 만들어 내는 것도 상상해 볼 수 있을 것이다. 이렇게 다시 만들어진 개체는 시공간의 한 지점에서 다른 지점으로 순식간에 이동한 것처럼 느껴질 것이다.

만약 이런 기술이 클레오파트라가 살았던 시대에 있었다면 어땠을까? 클레오파트라가 죽기 전 그녀의 양자 역학적인 정보를 저장해 두었다면 먼 훗날 그녀를 다시 만들어 시간 여행을 하게 할 수도 있었을 것이다.

다른 세계로 연결되는 통로가 있을까?

앞에서 살펴본 양자 원격 이동의 경우에는 물체를 복제해서 미래에 다시 만들어 놓을 수는 있어도 과거로 보내는 것은 불가능하다. 또한 앞에서 이야기했듯이 과거로 보내진 개체가 자유롭게 행동할 수 있게 내버려 둔다면 이미 정해지고 이루어진 것이라는 과거의 특성이 크나큰 모순에 빠지게 될지도 모른다.

우리가 마음에 들지 않는다고 과거를 마음대로 바꿀 수 있게 되다면 다른 사람들도 마찬가지 입장일 것이고, 그렇게 되다면 자신이 원하는 과거로 돌아간다는 것 자체가 말이 안 될 것이다. 즉 과거는 더 이상 불변의 과거로 머물러 있지 않고 현재도 되고 미래도 되는 것이다. 이것은 실로 엄청난 혼선이라고 할 수 있다.

반면에 아인슈타인의 중력 이론은 댄 시몬스[*]의 공상 과학 소설인 『히페리온』에서 나오는 것과 같은 비슷한 입구가 시간과 공간에 있을 것이라고 넌지시 알려 주고 있다. 『히페리온』에서는 여러 세계를 자유자재로 이동하기 위해 그물망처럼 짜여진 '디스트랜스'라는 입구를 만들고, 그 입구를 통해 다른 세계로 순식간에 옮겨 간다. 언뜻 보기에 이 디스트랜스라는 장치는 공간 이동만 가능하고 시간 여행과는 별 관련이 없어 보인다. 그러나 물리학자 킵 손[*]에 의하면 그 둘은 매우 밀접

● ● ●

댄 시몬스(1948~　) 미국 일리노이 주에서 태어났으며, 『히페리온』과 그 후속편 등으로 유명한 소설가다. 주로 과학 소설을 쓰며, 판타지와 같은 여러 장르를 혼합한 글을 쓰기도 한다.
킵 손(1940~　) 미국의 이론 물리학자로 캘리포니아 공대 교수이다. 상대성 이론을 바탕으로 블랙홀과 시간 굴절에 대한 연구를 했다.

하게 연결되어 있다.

킵 손이 이 문제에 관심을 갖게 된 것은 1980년대 중반에 물리학자이자 천문학자인 친구 칼 세이건*의 질문을 받고 나서부터였다. 칼 세이건은 킵 손에게 댄 시몬스가 생각한 것과 같은 입구를 만들고, 그 입구를 통해 베가성*과 같은 별로 이동해 가는 것이 물리학적으로 가능한지를 물었다. 킵 손은 우주 공간에 있는 블랙홀이 시공간을 크게 일그러뜨린다는 것에 대해서는 이미 알고 있었다. 그렇다면 블랙홀이나 또 다른 천체 물질을 이용해서 한순간에 베가성과 같은 공간으로 갈 수 있는 통로를 만들 수 있을까?

이러한 통로를 나타내는 시공간 지도를 그리려면 일반 상대성 이론이 시공간 입구를 만드는 데 중요한 요소를 제공해 준다는 사실을 알아야 한다. 만곡이 거의 없는 시공간이든 아니

● ● ●

칼 세이건(1934~1996) 미국의 천문학자로 미국 시카고 대학에서 천체 물리학 박사 학위를 받았다. 보이저, 바이킹 등의 무인 우주 탐사 계획을 주도했다. 주요 저서로는 『코스모스』, 『창백한 푸른 점』, 『악령이 출몰하는 세상』 등이 있다. 영화로 만들어지기도 한 공상 과학 소설 『콘택트』의 저자이기도 하다.

베가성(Vega) 거문고자리 α의 고유한 이름. 밤하늘에서 네 번째로 밝은 별이다. 태양계로부터 비교적 가까운 26광년 거리에 있어, 각 지름이 측정된 항성 중 하나이며, 지름은 태양의 약 3배이다. 청백색으로 매우 밝게 빛나 '하늘의 아크등'이라는 별명을 가지고 있다. 동양에서는 직녀성이라고 부른다.

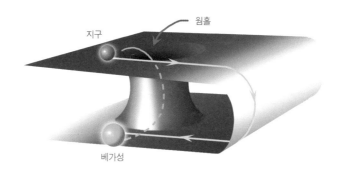

원홀은 지구에서 베가성으로 아주 빠르게 이동할 수 있는 통로다.

면 그와 반대로 지름길과 시공간 입구가 여기저기에 나 있는 시공간이든 상관없이 말이다. 시공간의 기하학과 그 시공간 안에 있는 물질 사이의 관계를 다루는 **아인슈타인의 방정식***을 사용하면 두 우주를 연결하는 입구가 존재한다는 것을 이론적으로 증명할 수 있다.

● ● ●

아인슈타인의 방정식 뉴턴의 운동 방정식을 4차원 시공간으로 확장한 것으로, 질량과 에너지의 분포에 따라 시간과 공간이 어떻게 휘어지는지, 또 휘어진 공간을 따라 물체와 빛이 어떻게 움직이는지 등을 계산한다. 질량과 에너지를 어떤 조건으로 대입해서 방정식을 푸느냐에 따라 다양한 특징을 가진 시공간이 해(解)로 나오게 되는데, 그러한 해 중의 하나가 원홀 형태의 시공간인 것이다.

미국의 물리학자인 존 휠러*는 1960년대에 이미 그 입구의 존재를 밝히고 **웜홀**이라는 이름을 붙였다. 웜홀은 벌레 구멍이라는 뜻이다. 벌레가 사과의 한쪽에서 다른 한쪽으로 이동할 때 표면으로 기어가는 것보다 가운데에 파 놓은 구멍으로 가는 것이 훨씬 **빠른** 것처럼 시공간의 입구도 다른 우주 공간으로 통하는 지름길로 본 것이다.

타임머신은 자연의 법칙에 어긋나는 것일까?

앞에서 이야기한 방법으로 시공간을 이동할 때 한 가지 어려운 점이 있다. 여행자가 웜홀을 통과해서 **빠져나올** 수 있으려면 웜홀을 이루고 있는 요소 중 일부가 음의 질량을 가져야 한다는 것이다. 우리 주변의 모든 물질은 중력, 즉 양의 질량을 가지고 있고, 우리를 자기 쪽으로 끌어당기고 있다. 우리가 표면에 붙어 있도록 지구가 우리를 끌어당기고 있는 것처럼 말이

●●●

존 휠러(1911~　)　미국의 이론 물리학자로, 현재 프린스턴 대학의 명예 교수이다. 상대성 개념을 이용하여 블랙홀에 대한 사람들의 이해를 돕기 위해 많은 연구를 하였다.

다. 따라서 시공간의 입구가 양의 물질로만 이루어져 있다면 우리는 절대 그곳을 빠져나올 수가 없다. 블랙홀에 한번 빠져들면 절대 빠져나올 수 없는 것처럼 말이다.

웜홀이 양의 물질로만 되어 있는 경우에 지구에서 베가성으로 통하는 웜홀에서 빠져나오려면 여행자를 밀어내어 통로 바깥으로 나가게 해 주는 음의 물질이 있어야 한다. 하지만 아쉽게도 그런 물질을 본 사람은 아무도 없다. 양자 역학에서 음의 에너지를 가진 물질이 있을 거라고 말하기는 하지만 말이다.

하지만 이런 문제에도 불구하고 킵 손은 자신의 연구를 포기하지 않았다. 러시아의 물리학자인 이고르 노비코프*와 미국의 수학 물리학자인 존 프리드먼*을 포함한 미국 밀워키 대학교 물리학 연구팀의 도움을 얻어 웜홀을 만들어 내는 시공간 변형에 대해 연구하기 시작한 것이다.

이 연구를 통해 우리는 두 가지 사실을 알아낼 수 있게 되었

● ● ●

이고르 노비코프(1935~　) 러시아의 천체 이론 물리학자이자 우주론자다. 1974년부터 1990년까지 모스크바의 공간 연구소에서 천체 물리학에 대한 연구를 이끌었으며, 우주론과 천체 물리학에 대해 많은 책을 썼다.
존 프리드먼 미국의 수학 물리학자로, 천체 물리학 및 중력에 관한 문제에 관심을 기울여 연구하고 있다.

다. 첫째, 웜홀을 발견하기만 하면 그 웜홀을 타임머신으로 이용할 수 있다는 것이다. 즉 시공간의 입구, 웜홀, 타임머신은 모두 똑같은 말이다. 둘째, 자연은 웜홀이 만들어지도록 그냥 내버려 두지 않는다는 것이다. 실제로 웜홀을 만드는 재료들이 잘 배치되어 시공간의 입구가 만들어지는 동안 여행자가 빛의 속도로 이동할 수 있는 순간이 찾아올 수도 있다. 그런데 우리가 뛰어들 수 있는 웜홀의 입구가 나타나는 바로 그 순간 알 수 없는 어떤 원리에 의해서 웜홀이 저절로 파괴되어 버린다.

사실 빛의 속도에 거의 다다른 그 결정적인 순간에 여행자와 함께 약간의 빛도 웜홀로 스며들게 된다. 이 빛은 웜홀을 통과할 것이며, 그 안에서 회전하면서 레이저처럼 강력하게 증폭될 수도 있다. 이와 같은 빛의 증폭은 에너지를 거의 무한정으로 만들어 낼 것이고, 그 에너지가 웜홀을 만드는 데 필요한 물질을 파괴하게 되는 것이다. 따라서 웜홀은 그로 인해 자연히 사라지게 된다.

킵 손과 이고르 노비코프 그리고 그 동료들이 실시한 연구에 관해 대부분의 물리학자들은 그런 방식으로 타임머신을 만드는 것은 불가능하다고 한다. 왜냐하면 우리가 음의 질량을 가진 물질을 갖게 된다고 하더라도 그 장치가 작동하기 시작하면 자연이 그것을 파괴할 것이기 때문이다.

영국의 물리학자인 스티븐 호킹*도 **시간 순서 보호 가설**이라
는 원칙을 내세우며 타임머신에 대해 간단히 결론지었다. 즉
타임머신은 자연에 의해 존재 자체가 금지되어 있기 때문에 인
간이 만들어 내려고 할수록 저절로 파괴될 수밖에 없다는 것이
다.

그렇다면 우리는 타임머신에 대한 꿈을 영영 접어야 하는
것일까? 자연이 막고 있다 하더라도 시간 여행에 대한 희망은
여전히 남아 있는 게 아닐까? 이 질문에 답하기 위해 이제부터
공상 과학 작품 속에 들어 있는 시간 여행의 문제점들을 살펴
보기로 하자.

● ● ●

스티븐 호킹(1942~) 영국의 우주 물리학자다. 박사 학위를 준비하고 있던 1963
년에 몸속의 운동 신경이 차례로 파괴되는 루게릭병(근위축성 측삭경화증)에 걸리
게 되었다. 그러나 그의 학문 인생은 이때부터 시작하였으며, 특이점 정리, 블랙
홀 증발, 양자 우주론 등 현대 물리학에 혁명적 이론들을 제시하였다. 따라서 세계
물리학계는 갈릴레이, 뉴턴, 아인슈타인에 이어 그를 물리학계의 중요한 인물로
꼽게 되었다.

3

시간 여행의 **모순**을
피할 수 있을까?

과거로의 여행이 왜 모순인가?

공상 과학 소설이나 영화를 보면 전혀 앞뒤가 맞지 않는 이야기들이 등장하곤 한다. 가령 시간 여행자가 과거로 거슬러 올라가서 그만 어린 시절의 할아버지를 실수로 죽였다고 하자. 이런 경우 시간 여행자의 부모들은 서로 만날 수 없게 되고, 따라서 시간 여행자를 낳을 수가 없게 된다. 그런데도 불구하고 그 시간 여행자가 존재할 수 있는 걸까? 확실히 말도 안 되는 이야기다. 결국 시간 여행자는 과거의 시간으로 되돌아가 자기의 조상을 없애는 일 따위는 할 수 없다.

물리학자들은 과거로의 여행을 인과율이라는 논리로 설명하고 있다. 즉 위의 상황처럼 현재의 내가 과거로 돌아가서 과거에 존재하는 사람을 죽이거나 과거의 나를 고의든 실수든 죽였다고 했을 때 현재의 나란 존재가 있을 수 있느냐는 것이다. 이렇게 되자 사람들은 과거로의 여행 자체가 앞뒤가 맞지 않는 모순이라고 여겼다. 하지만 킵 손은 거기에서 멈추지 않고 할아버지와 손자의 경우보다는 덜 복잡하지만 그러한 모순이 생기는 이유를 확인해 볼 수 있는 시스템을 연구했다. 1980년대 말에 킵 손은 제자 중 한 명인 거너 클링크함머*와 함께 2개의 구멍과 1개의 당구공으로 이루어진 아주 단순한 시간 여행 시스템을 만들었다. 여기서 2개의 구멍이 바로 시간 여행을 위한 장치가 된다. 당구공이 1번 구멍에 들어가면 시간을 거슬러 올라가는 것이고, 2번 구멍으로 나왔을 때에는 1번 구멍에 들어가기 이전의 시간으로 오게 되는 것이다. 말도 안 되는 것이라고 생각할 수도 있겠지만 일반 상대성 이론에서는 그러한 상황이 있을 수 있다고 인정한다. 이론상으로는 웜홀 형태의 시공간이 존재할 수 있다고 보기 때문이다.

위에서 살펴보았던 모순은 2번 구멍에서 나온 당구공이 과

● ● ●

거너 클링크함머 킵 손의 제자로서 그는 킵 손과 함께 닫힌 시간 곡선(CTL, Closed timelike)에 관한 모델로 시간 여행에 관한 이론을 수학적으로 증명했다. 여기서 닫힌 시간 곡선이란 시간 고리(time loop)를 이용하여 과거나 미래로 이동할 수 있는 가능성을 열어 주는 타임머신이라고 할 수 있다.

거의 자신, 즉 1번 구멍에 들어가기 이전의 당구공과 부딪히면서 그 길을 방해하게 되고, 따라서 그 공이 1번 구멍에 들어가지 못하게 되면서 발생하게 된다. 할아버지와 손자와 같은 복잡한 경우가 아니더라도 2개의 구멍과 1개의 당구공으로 이루어진 단순한 상황으로도 과거로의 여행은 모순인 것이다.

그렇다면 이러한 모순을 어떻게 피할 수 있을까? 당구공의 속도와 방향이 맞아 떨어질 경우, 2번 구멍에서 나온 당구공이 1번 구멍으로 들어가는 것을 막는 상황들이 있을 수 있다. 하지만 그와 반대로 당구공이 2번 구멍에서 나온 당구공의 방해에도 아랑곳하지 않고 제 갈 길을 계속 가서 1번 구멍으로 들어가게 되는 상황도 있을 수 있다. 가령 당구공이 길에서 아주 약간만 벗어난다고 해 보자. 2번 구멍에서 나온 당구공에 의해 살짝 밀린다 하더라도 가던 방향으로 계속 가면 1번 구멍으로 들어갈 수 있고, 그러면 모순이 생기지 않게 되는 것이다.

사실 이런 답은 무수히 많을 수 있다. 측정 결과에 대해 예측할 수 없는 양자 역학처럼 말이다. 양자 역학은 앞에서 말한 불확정성의 원리 때문에 입자의 위치와 운동량을 정확하게 측정할 수가 없고, 따라서 앞으로 입자가 어떻게 운동할 것인가도 정확히 예측할 수 없다.

킵 손과 그의 동료들이 당구공을 이용해 과거로의 시간 여행에 대한 모순적인 상황들을 보여 주기 위해 노력한 것까지는 매우 좋은 시도였다. 하지만 아쉽게도 모순을 비슷한 방식으로 해결하지는 못했다.

시간을 거꾸로 거스르는 물질이 있을까?

반물질°의 개념은 과거로의 여행과 그 모순에 대한 생각을 앞으로 한 걸음 더 나아가게 했다. 1930년대에 폴 디랙°은 물질 세계와 짝을 이루는 거울 세계, 즉 반물질 세계에 대한 개념을 생각해 냈다. 마치 전자에 반전자가 대응되는 것처럼 말이다. 지금은 반전자를 두고 **양전자**라고 부르지만 처음에 양자 이론에서 양전자는 전자와 반대되는 전하를 가진 물질로 등장했다.

반물질에 대해 처음 주목한 사람은 폴 디랙이었지만 1940년

● ● ●

반물질 전자, 양성자, 중성자로 이루어지는 실재의 물질에 대하여 그 반대 입자인 양전자, 반양성자, 반중성자로 이루어지는 물질이다. 이론적으로는 가능하나 자연 상태에서의 실재는 아직 확인되지 않았다.
폴 디랙(1902~1984) 영국의 이론 물리학자로서 양자 물리학의 창시자라고 할수 있다. 브리스틀 대학에서 전자 공학을 공부하고 말년에는 플로리다 주립 대학에서 양자 역학을 연구하였으며, 양자 역학에 관한 많은 저서들을 남겼다.

대 전자기학 양자 이론에서 양전자가 시간을 거꾸로 거스르는 전자라는 것을 발견한 사람은 미국의 물리학자인 존 휠러와 리처드 파인만*이다.

그렇다면 양전자와 전자가 같은 공간에 있다고 가정했을 때 우리와 같은 시간 방향을 가진 전자는 반대 시간 방향을 가진 양전자 옆에서 어떤 방향을 향하게 될까? 사실 중력 이론에서는 그 두 가지 시간 방향이 한 공간에 있을 수 없다. 중력 이론으로는 이미 그것을 두 개의 공간으로 나누어 보기 때문이다.

1960년대 말 영국 케임브리지 대학의 물리학자인 브랜든 카터*는 수학자인 로이 커*와 에즈라 뉴먼*이 몇 년 전에 아인슈타인의 방정식 풀이로 내놓은 해에 대해 연구하고 있었다.

● ● ●

리처드 파인만(1918~1988) 미국의 물리학자로, 1942년 프린스턴 대학에서 박사 학위를 받았으며, 캘리포니아 공과 대학 교수로 재직했다. 1965년 양자 전기 역학 이론으로 노벨 물리학상을 공동 수상했다.
브랜든 카터(1942~) 영국의 저명한 이론 물리학자로, 케임브리지 대학에서 공부했다. 일반 상대성 이론에 대한 연구에 주력했으며, 현재 파리에 있는 프랑스 국립 과학 연구소의 연구원이다.
로이 커(1934~) 뉴질랜드의 수학자. 켄터베리 대학 교수로, 일반 상대성 이론의 운동 방정식을 풀었으며, 회전하는 블랙홀을 수학적으로 증명하는 등 천체 물리학 발전에 크게 공헌했다.
에즈라 뉴먼 미국의 유명한 물리학자다. 일반 상대성 이론에 대한 연구에 많은 기여를 했다.

그 해는 질량과 전하, 주로 내부 회전 운동의 각운동량* 면에서 어떤 기본 입자, 즉 전자와 동일한 성질을 지니고 있는 작은 블랙홀 형태의 전자를 나타내고 있었다.

브랜든 카터는 이 '전자 블랙홀'이 가진 놀라운 성질에 주목했다. 한 번 전자 블랙홀 너머로 들어가면 산산이 부서져 다시는 돌아올 수 없게 된다. 따라서 그것은 블랙홀보다는 웜홀에 더 가깝다. 이 '전자 웜홀'은 전자의 내부 회전 운동 때문에 고리 모양을 하고 있는데, 브랜든 카터는 그렇게 회전하는 전자에 의해 만들어지는 자기장이 중력 이론을 고려하지 않은 고전 이론에서 예측했던 것보다 2배나 강하다고 보았다.

하지만 가장 놀라운 사실은 전자 웜홀의 고리 안으로 미끄러져 들어갈 수 있을 만큼 작은 시간 여행자는 제2의 공간으로 이동하게 된다는 것이다. 그 공간에서는 전자가 양전자로 변한다. 물론 브랜든 카터는 양전자라는 용어를 사용하지는 않았다.

시간 여행자가 고리 안을 통과한 다음에는 웜홀의 전하 부호가 바뀌게 된다. 대신 고리의 바깥으로 돌아가기만 하면 아무런 변화가 없다. 게다가 고리를 통과하기 전에는 그 고리가

● ● ●

각운동량 물체가 회전 운동을 할 때 그 세기를 나타낸다.

시간 여행자를 끌어당기다가도 고리를 지날 때는 양전자의 중력이 시간 여행자를 밀어내게 된다. 이와 같은 제2의 공간으로의 이동은 시간 여행자를 먼 과거로 거슬러 올라가도록 해 준다. 그 공간의 음의 에너지와 질량을 이용해서 시간 여행자가 원하는 시대와 공간으로 말이다.

밀어내는 힘을 가진 중력이 존재할까?

당시 브랜든 카터의 연구가 매우 큰 관심을 받았다는 것은 두말할 필요가 없을 것이다. 하지만 의심의 눈초리도 만만치 않았다. 킵 손과 그의 동료들의 연구는 20년이 더 지나서야 나왔고, 밀어내는 중력을 가진 제2의 공간과 시간 여행의 가능성은 중력 이론의 모순을 드러낸 것이었기 때문이다. 물리학자들 사이에서는 사실을 숨겨야 한다는 의견이 쏟아져 나왔고, 그런 경향은 오늘날에도 여전하다. 시간 여행과 관련된 모순이 없을 수도 있다는 것을 잘 알게 되었는데도 불구하고 말이다.

물론 여기서도 한 가지 문제점이 있다. 밀어내는 중력을 본 사람이 아직 아무도 없다는 것이다. 그리고 대부분의 물리학자들은 반물질과 물질이 서로 밀어내지 않고 끌어당긴다고 생각

하고 있다는 것이다. 그 이유는 간단하다. 상대성 이론의 중심
에는 **등가 원리**라는 것이 있는데, 그 원리에 의하면 중력장에
자유롭게 놓여진 물체는 그 성분이 어떠하든 똑같은 궤도를 따
라 움직인다. 따라서 적어도 겉으로 보기에는 밀어내는 힘을
가진 반중력이라는 것은 생각할 수가 없는 것이다.

그렇다면 브랜든 카터가 말하는 밀어내는 중력은 고리 이쪽
에서 저쪽으로 이동할 수 있는 시간 여행자가 발견할 제2의 공
간에서 도대체 어떻게 쓰이는 걸까? 이 질문에 대해 물리학자
들은 1998년부터 분명하게 태도를 바꾸었다. 그 해에 물리학
자들을 깜짝 놀라게 할 만큼 아주 놀라운 일이 있었기 때문이
다. 수억 광년의 아주 먼 거리에서 어떤 밀어내는 중력에 의해
우주가 점점 팽창하고 있음을 새로이 알게 된 것이다.

시간의 방향이 바뀔 수 있을까?

과학계에서 밀어내는 중력이 아직까지 공식적으로 인정되
고 있지는 않다. 하지만 1960년대 말에 브랜든 카터가 발견한
것과 비슷하다고 볼 수 있는 반중력에 대해 한번 생각해 보도
록 하자.

우리 우주에서 우리 눈에
보이는 앨리스의 이미지

웜홀의 반대편에 있는
실제 앨리스의 이미지

웜홀의 반대편에 있는 이미지가 역전되어 실제처럼 보인다.

　　몇몇 블랙홀들은 밀어내는 힘을 가진 음의 에너지를 작용시
켜 **에르고 영역**°이라고 불리는 블랙홀의 한 부분과 우리 사이
에 이루어지는 대화의 시간 순서를 뒤집을 수도 있다. 웜홀은
그러한 시간 역전 현상을 확대시킨다. 고리 다른 쪽에 있는 입

● ● ●

에르고 영역 　블랙홀 주위 공간은 블랙홀의 거대한 중력 때문에 일그러지게 되는
데, 블랙홀을 둘러싼 그러한 영역을 두고 에르고 영역이라고 부른다.

자를 보여 주는 것이 아니라 시간 속에서 역전된 이미지를 우리와 가까이 있는 것처럼 확대시켜서 보여 주는 것이다. 마치 확대 배율이 어머어마하게 큰 망원경처럼 말이다.

따라서 양전자 또한 시간 속에서 역전된 전자의 이미지로 볼 수 있다. 어떤 지점에서는 확대가 심하게 이루어져서 물체가 그 실제보다 훨씬 더 가깝게 있는 것 같은 착각이 든다. 그래서 '전자 웜홀'의 경우에 어떤 반물질이 정말로 거기에 존재하고 있는 게 아니라 웜홀의 반대 지점에 위치해 있는 이미지가 역전된 것을 우리가 보고 있다는 것이다. 사실 우리가 이러한 사실을 알아차리기란 거의 불가능하다. 카터의 연구대로라면 51쪽 그림에서 보는 바와 같이 우리가 살고 있는 우주에서 우리 눈으로 보고 있는 앨리스의 이미지는 사실상 시공간의 거울에 비친 앨리스의 이미지일 뿐이다. 실제로 앨리스는 웜홀의 반대편에 존재하고 있는데 웜홀을 통해 이미지가 역전되어 마치 실제인 것처럼 보이는 것이다.

그런데 이와 같은 답으로 인해 더 많은 문제와 혼선이 야기될 수 있다. 우리가 살고 있는 우주와 반대 방향의 시간을 가진 또 다른 우주가 존재한다고 하면 시간의 방향을 가리키는 화살표가 한층 더 혼란스러워지기 때문이다.

4

다른 시공간의
우주와 만날 수 있을까?

이미 일어난 일을 막을 수는 없을까?

미국 클라크슨 대학의 물리학자인 래리 슐만[*]은 지난 25년 간 우리 우주와, 그와는 반대 방향으로 시간이 흐르고 있을 제2의 거울 우주가 서로 영향을 주고받을 수 있을 것인가에 대해 끊임없이 의문을 품었다.

자연의 원리에 어긋나는 그러한 상호 작용이 어떤 문제를 가져올 수 있는지 한 가지 예를 들어서 살펴보기로 하자. 여러분이 지금 배율이 어머어마하게 큰 특수 망원경으로 다른 우주

• • •

래리 슐만 미국의 물리학자로, 1967년 프린스턴 대학에서 박사 학위를 받았다. 양자 역학과 우주론에 관하여 연구하였다.

에서 벌어지고 있는 일을 보고 있다고 가정하자. 그런데 갑자기 어떤 중요한 사건, 가령 거대한 운석*의 충돌 같은 사건이 거꾸로 펼쳐지는 장면을 보게 되었다고 하자. 하지만 여러분은 그 우주의 주민들에게 그 사실을 당장 알리지 말고 얼마간 기다려야 한다. 왜냐하면 여러분은 역전된 시간을 가진 우주를 본 것이고, 따라서 그곳에서 일어난 사건들은 거꾸로 전개된 것이기 때문이다. 그러므로 이를테면 2개월 후에 그 사실을 알려야 그 우주의 주민들도 운석 충돌에 대비할 수 있는 2개월의 시간을 갖게 된다. 운석이 충돌한 후 우리가 보낸 2개월의 시간은 그 우주의 입장에서는 충돌하기 2개월 전의 시간이라고 할 수 있으니까 말이다.

하지만 자신의 조상을 죽이는 모순에 부딪혔던 시간 여행에서와 마찬가지로 이 경우에도 모순은 있다. 어떤 사건이 일어나는 것을 우리가 이미 보았다고 해서 그것에 미리 대비할 수가 있을까? 유리컵이 깨지는 모습이 거꾸로 진행될 때 깨진 조

• • •

운석 혜성 또는 소행성에서 떨어져 나온 티끌이나 태양계를 떠돌던 작은 암석 등이 지구 중력에 이끌려 낙하하면서 대기와 마찰하며 불에 타는 것을 유성(별똥별)이라 부르는데, 이것이 지구에 도달하기까지 다 타지 않고 타다 남아 지구 표면에 떨어진 것을 운석이라고 한다.

역전된 시간을 가진 우주에서 어떤 사건이 발생한 것을
지구에서 현재 목격했다고 하더라도 그곳에서는 미래에 일어날 일인 것이다.

각들이 다시 처음처럼 짜 맞추어지려면 사실 굉장히 정확해야 한다. 아주 조그만 방해만 있어도 그런 과정이 제대로 이루어지지 않을 수 있다. 게다가 우리가 다른 우주와 그런 식으로 만나게 된다면 우리 고유의 시간 화살표 역시 크게 흐트러지고 말 것이다.

시간이 거꾸로 흐르는 우주와 접속할 수 있을까?

킵 손과 그 연구팀이 당구공을 이용하여 복잡한 문제를 간단하게 연구한 것과 마찬가지로 래리 슐만 역시 그러한 방법을 사용했다. 시간이 서로 다른 방향으로 흐르는 두 우주가 맞물렸을 때 두 가지 시간 화살표가 변하는 방식에 대해 알 수 있는, 두 가지 입자 시스템의 변화를 연구하여 문제에 접근한 것이다. 이 연구는 물리학 분야에서 최고의 권위를 가진 잡지인 《피지컬 리뷰 레터스》의 최근 호에 실리기도 했다.

래리 슐만의 연구 결과에 따르면 서로 반대되는 시간 화살표를 가진 두 우주 사이의 상호 작용이 아주 큰 경우만을 제외하고는 각각의 시간 화살표가 보존된다.

그렇다면 무엇 때문에 우리는 역전된 시간을 가진 우주의 과거에 끼어들 수 없는 걸까? 이미 일어난 사건을 막는 것이 모순이기 때문일까? 아니다. 모순은 존재하지 않는다. 우리가 그 우주의 과거를 바꿀 수 없는 것은 아직까지 얘기하지 않은 한 가지 중요한 사실 때문이다.

역전된 시간을 가진 다른 우주를 관찰할 때는 모든 것이 역전되어 있다는 사실을 기억해야 한다. 거기에는 우리와 우리가 보고 있는 물체 사이의 에너지 교환, 즉 관측을 할 수 있게 해주는 교환도 물론 포함되어 있다.

땅으로 떨어지는 운석을 예로 들어 보자. 사건이 벌어지는 우주에서 아침이 시작되면 햇빛이 사방을 비춘다. 카메라가 운석의 충돌을 촬영할 수 있는 것도 바로 이 빛이 있기 때문이다. 운석의 충돌은 어마어마한 에너지를 만들어 폭발 장소로부터 엄청난 빛 알갱이, 즉 광자를 우리의 시야로 보낼 것이고, 따라서 우리는 운석 충돌을 볼 수 있는 것이다.

이제 시간의 방향을 반대로 뒤집어 보자. 그렇게 되면 우리는 충돌 장면을 더 이상 관측할 수 없게 되며, 따라서 그 우주의 주민들에게 미리 대비하라고 알릴 수도 없다. 시간의 방향이 바뀌는 것은 단순히 필름을 거꾸로 돌려서 보는 것과는 다르다. 에너지의 흐름 역시 반대로 생각해야 하는 것이다. 시간의 역전이 일어나면 이제 우리의 몸과 눈에서 광자가 나오게 되고, 그 빛 알갱이들은 파편들이 모아지면서 원래의 모습을 찾아가는 운석과 태양을 향해서 갈 것이다. 따라서 우리는 운석의 충돌을 볼 수가 없는 것이다.

래리 슐만의 연구가 훨씬 전문적인 방식으로 이것을 설명하고는 있지만, 결국 그가 하고자 했던 이야기는 위의 내용과 다르지 않다.

시간 여행, 과연 가능한 것인가?

시간 속을 여행하려면 시공간을 180도로 회전시켜야 할 것이다. 일단 앞에서 이야기한 다양한 방법들에 대해 다시 한 번 생각해 보자. 우선 시공간이 평평하다고 한다면 시간의 방향을 바꾸는 과정에서 물체들이 열을 받아 모두 타 버릴 것이기 때문에 시간 여행은 불가능해진다. 그에 반해 휘어진 시공간에 대해 말하고 있는 중력 이론은 시간 여행이라는 목표가 그리 멀리 있지 않다는 것을 알려 주고 있다. 하지만 지난 시절을 다시 경험하거나 바로잡기 위해 과거로 떠나려 할 때 블랙홀을 이용할 수는 없다. 블랙홀에 한번 빨려 들어가면 절대 빠져나올 수가 없기 때문이다. 타임머신을 만들 수 있다고 해도 그것이 거의 다 만들어지려는 순간 스스로를 보호하려는 자연의 원리에 의해 파괴되고 만다. 지금까지 물리학자들이 생각해 낸 타임머신은 모두 그러한 '시간 순서 보호 가설'을 지키고 있다.

하지만 킵 손은 동료들과의 연구를 통해 공상 과학 소설 속에 등장하거나 물리학자들이 주장하는 모순은 일어나지 않을 수도 있다는 사실을 발견해 냈다. 또한 킵 손이 그의 제자인 거너 클링크함머와 함께 연구한 시스템은 우리 세계에 음의 질량을 가진 물질을 끌어들인다면 하나가 아닌 여러 개의 미래가 생겨날 수도 있다는 것을 보여 주었다. 호르헤 루이스 보르헤스*의 『픽션』에 나오는 '끝없이 두 갈래로 갈라지는 길들이 있는 정원'에서처럼 말이다.

시간 여행의 역사는 거기에서 멈추지 않다. 입자 물리학이 우리에게 '시간을 역행하는 물질'인 반물질에 대하여 가르쳐 주고 있기 때문이다. 일반 상대성 이론에 따르면 타임머신을 만드는 데는 음의 질량을 가진 물질이 필요한데, 그것이 반물

● ● ●

호르헤 루이스 보르헤스(1899~1986) 아르헨티나의 시인이자 소설가다. 미, 지성, 형이상학, 윤리 도덕 등이 대담하게 통합되는 환상 세계를 토대로 독자적인 작품들을 내어 놓았다.

질이 될 수도 있을 것이다. 따라서 래리 술만이 상상한 것처럼 시간이 서로 반대 방향으로 흐르는 두 우주는 각각 우리가 살고 있는 우주의 물질 세계와 반물질 세계일지도 모른다. 이런 방식으로 접근하면 은하와 반은하가 왜 서로 밀어내고 있는지, 우주가 왜 점점 빠르게 팽창하고 있는지에 대해서도 설명해 낼 수 있을 것이다.

시간 여행에 대한 연구는 여기에서 끝나지 않을 것이다. 여러 물리학 분야에서 더욱 새롭고 다양하게 접근하고 있기 때문이다. 앞으로 시간 여행은 현대 물리학의 가장 흥미진진한 주제 중 하나로 연구될 것이다.

더 읽어 볼 책들

- 배리 파커, 김혜원 옮김, 『**우주 여행 시간 여행**』(전파과학사, 1997).

- 요하네스 폰 부틀라, 최경은 옮김, 『**시간 여행**』(마니아북스, 1999).

- J. 리처드 고트, 박명구 옮김, 『**아인슈타인의 우주로의 시간 여행**』(한승, 2003).

- 짐 알칼릴리, 이경아 옮김, 『**블랙홀, 웜홀, 타임머신**』(사이언스북스, 2003).

- 클리퍼드 픽오버, 구자현 옮김, 『**TIME 시간 여행 가이드**』(들녘, 2004).

- 폴 데이비스, 강주상 옮김, 『**폴 데이비스의 타임머신**』(한승, 2002).

옮긴이 | 김성희

부산대 불어교육과 및 동대학원을 졸업했으며 현재 전문 번역가로 활동 중이다.

민음 바칼로레아 43

시간 여행이 정말로 가능할까?

2판 1쇄 펴냄 2021년 3월 30일
2판 5쇄 펴냄 2024년 8월 8일

1판 1쇄 펴냄 2006년 8월 18일
1판 3쇄 펴냄 2009년 4월 7일

지은이 | 가브리엘 샤르댕
감수자 | 곽영직
옮긴이 | 김성희
발행인 | 박근섭
펴낸곳 | ㈜민음인

출판등록 | 2009. 10. 8 (제2009-000273호)
주소 | 06027 서울 강남구 도산대로 1길 62 강남출판문화센터 5층
전화 | 영업부 515-2000 편집부 3446-8774 **팩시밀리** 515-2007
홈페이지 | minumin.minumsa.com

도서 파본 등의 이유로 반송이 필요할 경우에는 구매처에서 교환하시고
출판사 교환이 필요할 경우에는 아래 주소로 반송 사유를 적어 도서와 함께 보내주세요.
06027 서울 강남구 도산대로 1길 62 강남출판문화센터 6층 민음인 마케팅부

㈜민음인은 민음사 출판 그룹의 자회사입니다.